AF257452

PROPOSITIONS

POUR RENTRER EN POSSESSION

DE LA PARTIE FRANÇAISE

DE SAINT-DOMINGUE,

Pour payer ses anciennes dettes, et pour restaurer cette colonie sans qu'il en coûte rien au Gouvernement français ;

PRÉSENTÉES AU ROI,

PAR M. BRULLEY,

Ancien Commissaire de la Colonie de Saint-Domingue près Sa Majesté Louis XVI, Membre de la Commission des Colons notables propriétaires à Saint-Domingue près le Ministre de la Marine et des Colonies, Membre de plusieurs Sociétés savantes et de celle d'Encouragement pour l'Industrie française.

A PARIS,

Chez LAURENS jeune, Libraire, ancien Imprimeur, ci-devant rue Saint-Jacques, présentement rue du Bouloy, n°. 4, au premier ;

Et chez les principaux Libraires.

1814.

AVIS DE L'AUTEUR.

LE but de cet Ouvrage est de prouver qu'il existe des moyens de se remettre en possession de la partie française de Saint-Domingue, de payer ses anciennes dettes et de restaurer ses cultures et manufactures, sans qu'il en coûte rien au gouvernement français.

Si je prends la liberté de présenter au Roi des idées classées par titres, chapitres et articles, mon intention a été seulement de les rendre plus claires et plus faciles à saisir dans leur ensemble, j'espère que Sa Majesté voudra bien les considérer moins comme projets de lois que comme un appel fait à ses lumières et une preuve de zèle à concourir à ses intentions paternelles pour le bonheur de ses sujets.

D'ailleurs, cet Ouvrage est le résultat du sentiment de reconnaissance que je dois aux colons de Saint-Domingue pour les preuves de confiance dont ils m'ont honoré.

Je suis le seul existant des commissaires légalement nommés et envoyés en 1792 par la colonie de Saint-Domingue, pour porter au roi Louis XVI le vœu des colons sur l'état des personnes et le régime intérieur de la partie française de cette île.

Cette honorable mission a été pour moi une source de persécutions sans nombre. Miraculeusement échappé aux massacres du 2 septembre 1792, j'ai été, en différentes fois, plus de dix-neuf mois en prison, mis en accusation par la convention nationale et traduit au tribunal. Enfin, j'étais porté sur la liste fatale des victimes qui devaient périr le 12 thermidor, et que la journée du 9 a sauvées. Je regarde donc mon existence comme un prodige. Je crois devoir désormais la consacrer tout entière au service de Sa Majesté et au bien de la colonie.

Cet Ouvrage en est la première preuve ; si Sa Majesté daigne en prendre lecture, l'attention qu'elle lui accordera en sera la plus flatteuse récompense.

BRULLEY.

PROPOSITIONS

POUR RENTRER EN POSSESSION

DE LA PARTIE FRANÇAISE

DE SAINT-DOMINGUE,

Pour payer ses anciennes dettes, et pour restaurer cette colonie sans qu'il en coûte rien au gouvernement français.

—————

Les maux de la révolution ont plus ou moins pesé sur tous les Français ; mais, parmi les plus malheureux, on doit sans doute compter les colons, surtout ceux propriétaires à Saint-Domingue. Si cette colonie était devenue la plus belle et la plus riche de l'univers, c'était par suite des travaux et de l'activité de ses habitans. Ils avaient, par cela même, concouru d'une manière directe à la prospérité, à la prépondérance du commerce de la France. Or, sa ruine étant le but de la révolution, on a donc dû s'acharner principalement à la destruction des établissemens et des propriétaires de Saint-Domingue.

Ce projet ne s'est que trop bien exécuté. Combien d'intrigues et d'atrocités ont ensanglanté et incendié cette malheureuse contrée ! L'énumération déchirante de tant de crimes serait ici déplacée ; il suffit de savoir qu'un trop grand nom-

1

bre de colons propriétaires a péri. Il ne reste à ceux qui ont survécu que le souvenir de leur ancienne fortune et les maux inséparables de la misère.

C'était dans cet état pénible que les colons de Saint-Domingue attendaient l'instant auquel le gouvernement, éclairé sur les véritables intérêts de la France, pourrait s'occuper d'eux et de leurs établissemens, si utiles au commerce français. Ils voyaient, ces infortunés, qu'il leur fallait continuer de souffrir jusqu'au moment de la paix générale. Mais actuellement qu'elle est faite cette paix, que le retour de Louis XVIII a procurée; aujourd'hui que rien ne s'oppose plus à l'exécution des mesures à prendre pour la restauration de la colonie de Saint-Domingue, les colons sentent renaître l'espoir consolateur de voir finir leurs maux. Leurs regards sont tournés vers le gouvernement; ils disent : « Ce bon roi, pour qui le » bonheur général des Français est un véritable » besoin, ne permettra pas que nous soyons plus » long-temps dans l'infortune et frustrés de nos » propriétés. Nous attendons de sa sollicitude » paternelle justice et protection. Nous devons » même compter sur le genre d'intérêt qu'inspi- » rent tous ceux qui n'ont été persécutés que » parce qu'ils concouraient à la prospérité de la » France. » Les colons ne seront pas trompés dans leur attente. D'accord avec les grands intérêts de l'État, les sentimens de justice et de bienfaisance qui caractérisent Sa Majesté Louis XVIII le por-

(3)

teront à s'occuper d'une classe infortunée de Français dont les travaux et l'activité sont essentiellement utiles à la patrie.

On n'en peut plus douter; il sera pris de sages mesures pour la restauration de Saint-Domingue. Dans ce pays, comme ailleurs, la nation française imprimera le respect dû au rang distingué qu'elle occupe parmi les plus grands peuples de l'univers. Une partie de nos braves soldats, conduits avec prudence et fermeté, au lieu de verser le sang, en empêchera l'effusion. Elle arrêtera le mal et fera le bien. Le pouvoir centralisé, et par conséquent plus actif, préviendra ou réprimera les troubles, les divisions qui pourraient s'opposer à la restauration des cultures et manufactures coloniales remises entre les mains des vrais propriétaires.

Mais observons que ces mesures premières, si nécessaires à la restauration de Saint-Domingue, ne peuvent suffire pour atteindre ce but.

C'est lorsque la paix et le bon ordre seront rétablis complètement dans la colonie, qu'on reconnaîtra combien il y aura encore d'efforts à faire pour qu'elle recouvre son ancienne prospérité.

Moins malheureux sans doute qu'il n'est aujourd'hui dans son état de dénuement complet, le colon rétabli sur sa propriété sentira qu'il manque à son bonheur les moyens pécuniaires indispensables pour réparer les détériorations, les dégâts, les pertes, suites déplorables de la révolution. A qui s'adressera-t-il pour obtenir ces moyens qu'il n'a pas ? Sera-ce aux négocians français? Les pertes énormes qu'ils ont eux-mêmes supportées , l'état actuel de stagnation et de gêne du commerce de la France ne permet pas d'espérer qu'ils puissent faire aux colons les avances nécessaires.

Il est possible que quelques propriétaires puissent encore trouver chez un petit nombre de négocians des secours plus ou moins considérables ; mais cette manière de traiter , la lenteur qui devra nécessairement s'ensuivre dans la restauration des habitations , peuvent-elles convenir aux grands intérêts de la France ? Pourquoi se serait-elle décidée à faire l'envoi des forces de terre et de mer avec les colons propriétaires ? Ce ne peut être dans les seules vues de procurer à ces derniers la facilité de rentrer dans leurs propriétés , et d'y rester dans un état de gêne ? Non. Le gouvernement n'aura pu se proposer qu'un seul grand but ; faire recouvrer à la France les avantages énormes que lui procurait le commerce de Saint-Domingue dans son état de prospérité.

Pour juger sainement de l'importance de ces avantages , il faut transcrire littéralement les détails contenus dans une pétition présentée, le 4 novembre 1792, à la convention nationale par la ville de Nantes. Cette pièce est appuyée de trois cent trente-huit signatures, au nombre desquelles on remarque celles des premières maisons de commerce.

« Saint-Domingue (disait la ville de Nantes)
» occupe 750 navires par an, pour le seul com-
» merce entre cette colonie et la France. Ces na-
» vires employaient au moins 24,000 marins ; le
» cabotage dans la colonie et celui nécessaire au
» transport en Europe des denrées coloniales , au
» moins autant.

» Il y a à Saint-Domingue huit mille habita-
» tions ; quand on ne les évaluerait qu'à un million
» de capital l'une dans l'autre, c'est un fonds de
» huit milliards. On estime que Saint-Domingue,
» avant sa destruction, rendait par année trois
» cents millions de sucre brut et terré, qu'on ne
» peut évaluer , quittes de frais, à moins de cin-
» quante francs le quintal, ci. 150,000,000
 » Cent millions de café à quatre-
» vingt francs le cent, ci. 80,000,000
 » Deux millions d'indigo à 9 fr.
» la livre. 18,000,000
 » Cinq millions de coton à 2 fr.
» la livre. 10,000,000
 » Trente mille barriques sirop à
» 100 fr. 3,000,000
 » Quinze mille barriques tafia à
» 100 fr. 1,500,000
         262,500,000
 » On peut évaluer le commerce
» interlope à. 17,500,000
 » TOTAL des revenus de Saint-
» Domingue. . . . . 280,000,000 »

A ce détail exact, le commerce de Nantes aurait dû ajouter le produit des cuirs en poil, des
bois d'açajou, de campêche et de gayac, les li-
queurs et les fruits confits. Il pouvait encore faire
l'évaluation de la quantité de numéraire d'Espa-
gne sortant de Saint-Domingue pour le compte
des armateurs. Il est prouvé que depuis 1783
jusqu'en 1790, il est passé en France, en quadru-
ples et piastres gourdes, plus de quarante millions
effectifs. La colonie de Saint-Domingue ne s'est
point opposée à cet enlèvement de son numéraire,
parce qu'en général le commerce s'y faisait par
échange, et que les marchandises manufacturées
en France se vendaient aux Espagnols qui payaient
avec leur or, leurs piastres, et qu'ainsi la circula-
tion était toujours active.

D'après ces faits, dont l'exactitude est attestée,
non pas seulement par des colons, mais par les
négocians français, il est facile de juger de l'intérêt que doit prendre le gouvernement à une colonie dont les produits annuels s'élevaient à trois
cents millions, et combien il doit avoir à cœur de
voir se rétablir à Saint-Domingue la paix, l'ordre
et son ancienne prospérité. Pour la faire renaître,
peu d'années suffiront; mais ce ne sera pas en
employant des efforts partiels, des avances particulières, toujours faibles et souvent momenta-
nées. Elles seraient insuffisantes et même inutiles.
Ce n'est plus le cas de s'isoler au milieu de ses
concitoyens et de borner ses soins, son attention

à sa seule propriété. Cette manière d'être pouvait paraître supportable, peut-être même naturelle, dans l'ancien état des choses ; mais aujourd'hui elle serait déplacée et contraire aux intérêts de la France ; elle le serait même à ceux des colons.

En effet, comment un propriétaire pourrait-il se flatter de jouir paisiblement du résultat de ses travaux pour la restauration de son établissement, si ceux de ses voisins, privés des secours partiels qu'il aurait reçus, ne pouvaient pas même résider sur leurs propriétés complètement dévastées ? Des bâtimens ruinés, des terres en friches, n'offriraient-ils pas autant de repaires à des brigands dévastateurs qui auraient su échapper aux mesures prises contre eux ? ne pourraient-ils pas venir en peu de temps piller et même détruire les habitations qu'on eût commencé à rétablir ? Le colon ne peut donc se flatter de jouir paisiblement de sa propriété, et de la restaurer qu'autant que les établissemens voisins seront habités, et marcheront eux-mêmes vers l'état de prospérité auquel ils doivent tous atteindre pour la sûreté publique et le bien général.

D'ailleurs, comment pourrait-on communiquer avec sécurité dans toutes les parties de la colonie ? Comment transporterait-on librement les denrées, si les chemins ne sont promptement ouverts ou réparés, et si une force armée toujours en activité ne peut se transporter facilement et promptement partout, pour y rétablir ou maintenir le bon ordre et la paix ? Eh ! qui ouvrira et réparera les chemins ? qui repeuplera les habitations dont un très-grand nombre est abandonné ? Qui entretiendra cette force armée si nécessaire ? qui subviendra aux charges , aux impositions considérables de la colonie ? Sera-ce un très-petit nombre d'habitans disséminés sur divers points , et qui se seront procuré quelques secours momentanés et toujours peu considérables.

Il est évident qu'ils ne pourraient suffire aux besoins généraux de la colonie , puisqu'ils pourraient à peine subvenir aux leurs. On ne doit donc pas se reposer sur ce que chacun d'eux pourra faire particulièrement pour la restauration de sa propriété. Il est donc nécessaire d'adopter une mesure générale également utile, dans le même temps, à tous les propriétaires. Chacun d'eux désire sans doute voir la colonie française de Saint-Domingue recouvrer son ancienne splendeur : chacun d'eux, instruit à l'école du malheur, compatit à celui de son voisin. Il y a donc lieu d'espérer que chacun d'eux s'empressera de concourir aux moyens de restauration de la colonie ; mais, pour accélérer et régulariser la mesure générale que commande l'intérêt de l'état, il est indispensable qu'elle s'exécute par ordre du Gouvernement.

Cette mesure, c'est l'établissement d'une banque coloniale de Saint-Domingue.

Cet établissement , qui appartiendrait spéciale-

(9)

ment aux colons, serait administré par eux seuls.
Pour garantie de ses opérations, la banque présenterait la valeur de toutes les propriétés immobilières existantes dans la colonie française de
Saint-Domingue.

On a vu qu'en 1792 le commerce de Nantes
portait la valeur de huit mille habitations de cette
ile à huit milliards de capital : depuis cette époque, les désastres de la révolution ont diminué
cette valeur. Cependant on peut encore l'estimer
au dixième de ce qu'elle était.

Avec une telle garantie, cet établissement ne
pourrait-il pas faire renaître la confiance, et par
les opérations commerciales subvenir aux besoins
urgens de tous les propriétaires ? Ne serait-ce pas
le plus sûr moyen d'accélérer et assurer la restauration de la colonie ? Point de doute que dans dix
ans cette restauration ne fût bien avancée ; cependant la banque devrait employer seize ans
pour atteindre complètement son but. Les dix
premières années seraient employées à mettre en
œuvre tous les moyens de restaurer et faire pros-
pérer les habitations, les six autres années seraient
consacrées à l'acquittement, par sixième, chaque
année, de toutes les dettes. Les anciennes seraient
remboursées en actions portant intérêt à cinq
pour cent tournois. Les créanciers recevraient ces
actions après la révision de leurs titres et la réduction de leurs créances dans la proportion de

la valeur ancienne des habitations avec la valeur actuelle légalement constatée.

Au surplus, pour bien développer l'utilité des opérations de cette banque, il est nécessaire de les préciser dans un projet d'ordonnance que l'on soumet aux lumières du roi, dont les vues et les actions ont toujours pour but la prospérité générale de la France.

PROJET D'ORDONNANCE

RELATIF

A LA BANQUE COLONIALE DE SAINT-DOMINGUE.

Louis, par la grâce de Dieu, etc. etc.

Considérant que la colonie de Saint-Domingue ne peut être utile à la France qu'autant qu'elle sera restaurée le plus tôt possible et portée au plus haut degré de prospérité qu'elle puisse atteindre ;

Considérant que les moyens que pourraient employer particulièrement les colons et les négocians présentent trop de lenteur et d'incertitude dans leurs effets ; que par conséquent une mesure générale est commandée par les grands intérêts de la France ;

Avons ordonné et ordonnons ce qui suit :

TITRE PREMIER.

DE LA FORMATION ET DES OPÉRATIONS DE LA BANQUE.

CHAPITRE Ier.

De la Formation de la Banque.

ARTICLE 1er. Il sera établi une banque coloniale de Saint-Domingue.

Art. 2. Toutes les possessions immobilières de la partie française de cette colonie sont le gage de l'exactitude des engagemens de la banque.

Art. 3. La banque se composera de trois sortes d'actionnaires,

1°. Les capitalistes qui y placeront leurs fonds en prenant des actions ;

2°. Les propriétaires colons qui y verseront leurs denrées pendant le temps et dans les quantités et proportions qui seront déterminées par la présente ordonnance ;

3°. Les créanciers de la colonie à qui la banque paiera en actions le montant de leurs créances légalement constatées et fixées d'après le mode qui sera établi.

Art. 4. Une action de la banque sera de trois mille livres, argent des colonies, par conséquent de deux mille livres tournois.

Art. 5. Ces actions seront soumises, pour leur acquisition et mutation, aux réglemens adoptés pour les actions de la banque de France.

Art. 6. La valeur du nombre total des actions ne pourra excéder la somme de huit cents millions tournois, ou douze cents millions argent des colonies, le dixième de la valeur des propriétés immobilières de la partie française de Saint-Domingue en 1788.

CHAPITRE II.

Des Opérations de la Banque.

ART. 1ᵉʳ. Comme le but unique de la banque est la restauration des établissemens français de Saint-Domingue, elle s'occupera généralement de toutes les opérations commerciales relatives à cette restauration.

ART. 2. Il sera ouvert à la banque un compte pour chaque propriétaire d'immeubles.

Il lui sera fourni tous les objets reconnus nécessaires pour la plus prompte restauration de sa propriété.

ART. 3. Pour que rien ne puisse entraver cette restauration, les propriétaires d'immeubles ne seront point chargés de payer eux-mêmes leurs anciennes dettes.

Il sera sursis à toute poursuite pour raison de ces mêmes dettes pendant dix ans, à compter du jour de la publication de la présente ordonnance. Les créanciers ne pourront faire que des actes conservatoires. Si dans l'espace des dix années, ils n'ont pas rempli les formalités ci-après indiquées, ils seront déchus de leurs droits.

ART. 4. Il sera fait, par arbitres, une estimation des habitations qui sont endettées. Leur valeur actuelle comparée avec celle qu'elles avaient en 1788, servira de base pour la fixation du montant des dettes constatées jusqu'à l'époque de la dévastation de la colonie. Les créanciers feront réviser leurs titres par une commission nommée *ad hoc*. Quand ils auront été reconnus valides, ces titres seront remis à la banque. Elle fera la réduction proportionnelle avec la valeur actuelle de l'habitation, et comptera le montant de chaque créance en actions.

ART. 5. La seule différence qu'il y aura entre les autres actions de la banque et celles des créanciers, c'est que ces dernières ne donneront aucun droit dans le partage annuel du dividende ; mais les porteurs des actions remises en échange des titres de créances recevront chaque année l'intérêt du montant de leurs actions à raison de cinq pour cent tournois.

ART. 6. Pour subvenir à ces paiemens et aux autres opérations de la banque, elle prélèvera pour droit de commission un pour cent tournois de la valeur de ses avances et paiemens faits pour les propriétaires.

Ils seront tenus de verser chaque année dans la banque, pendant la durée de ses opérations, deux tiers des produits constatés de leurs immeubles. L'autre tiers restera toujours à leur disposition, quelles que soient leurs anciennes ou nouvelles dettes.

ART. 7. Ce versement en denrées ou argent sera porté au compte des propriétaires, en paiement des avances qui leur auront été faites.

Art. 8. Ceux des propriétaires qui ne devront rien recevront pour leurs versemens, par chaque trois mille livres coloniales, une action composée de six coupons de cinq cents livres chacun. Ils en pourront disposer à volonté, puisqu'ils seront payables au porteur, tant pour leur remboursement aux époques qui seront fixées, que pour leur part dans le dividende.

Art. 9. Le dividende se composera du résultat, pour la banque, de la commission d'un pour cent tournois sur toutes les avances qu'elle fera, et généralement de tous les bénéfices que la banque se procurera sur ses opérations commerciales.

Art. 10. Le remboursement des actions de la banque commencera à s'effectuer la onzième année, à compter du commencement de ses opérations.

Art. 11. Ce remboursement se fera par sixième pendant les six dernières années de la durée de cet établissement. Le sort décidera de celles des séries des actions qui seront remboursées chaque année ; en sorte que les actions des capitalistes, celles des créanciers de la colonie et celles des colons propriétaires, entreront séparément pour un sixième de leur nombre respectif dans le remboursement général.

Art. 12. La durée de la banque sera de seize années. Après ce laps de temps expiré, elle ne pourra continuer ses opérations sans une autorisation expresse du roi.

TITRE II.

DE L'ADMINISTRATION DE LA BANQUE.

CHAPITRE Ier.

De l'Administration en général.

Art. 1er. L'administration de la banque coloniale de Saint-Domingue appartient essentiellement aux colons propriétaires d'immeubles situés dans cette colonie.

Art. 2. Nul ne pourra occuper de place dans l'administration de la banque, s'il n'est âgé de trente ans accomplis, et s'il n'a pas justifié qu'il soit propriétaire à Saint-Domingue, né Français d'Europe, ou issu, dans la colonie, de Français européens sans aucun mélange de nations étrangères.

CHAPITRE II.

Des Administrateurs.

Art. 1er. Il y aura, en résidence dans la colonie, une direction générale de la banque.

Art. 2. La direction générale sera composée d'un directeur général, de deux régens généraux et de deux adjoints; d'un contrôleur inspecteur général et de deux adjoints; d'un secrétaire général et de son adjoint; d'un trésorier général et de son adjoint (1).

Art. 3. Le directeur général présidera les assemblées de la direction générale.

Il fera exécuter ses arrêtés et donnera tous les ordres nécessaires pour que les opérations de la banque ne soient point entravées dans leur marche. Si, pour lever les obstacles qui pourraient se présenter, il est besoin de recourir aux autorités, elles ne pourront se refuser d'obtempérer aux réquisitions du directeur général de la banque, sous sa responsabilité.

Art. 4. Les régens généraux auront voix délibérative aux assemblées de la direction générale. Ils y feront les rapports des affaires dont l'examen leur aura été confié par le directeur général. Dans le cas d'absence de sa part, celui des régens généraux, le premier nommé, présidera à sa place l'assemblée de la direction générale. Ce même régent général occupera de droit la place de directeur général, si elle vient à être vacante par mort ou démission.

Le second régent général succédera au premier, et par suite au directeur général.

---

(1) Il a paru nécessaire de donner des adjoints à tous ceux pourvus des places les plus importantes, afin qu'en cas de maladie ou de mort les affaires ne restassent pas en souffrance, ou ne fussent pas confiées à des personnes inhabiles à les gérer.

Art. 5. Les adjoints à la direction générale rempliront les mêmes fonctions que les régens généraux. Ils seront membres de la direction générale. Dans ses assemblées, ils auront voix consultatives.

Elle deviendra délibérative dans le cas d'absence des régens généraux ou du directeur général.

Le premier adjoint succédera de droit à la première place vacante de régent général, et ainsi de suite.

Art. 6. Le contrôleur inspecteur général surveillera l'exécution des arrêtés de la direction de la banque. Aucune décision ne sera valide qu'autant qu'elle aura été contrôlée par lui. Il assistera à toutes les assemblées de la direction générale, et, sans que sa voix soit comptée parmi les délibérans, il devra donner le premier son opinion, sur chaque affaire. S'il pense que l'arrêté puisse être préjudiciable, ou aux intérêts de la banque, ou à ceux du gouvernement, il pourra en suspendre l'exécution, et en référer aux autorités supérieures.

Art. 7. Les adjoints à l'inspecteur général le seconderont dans ses travaux, et le remplaceront de droit en cas d'absence, démission ou mort.

Si l'un des adjoints à l'inspecteur général est absent, soit pour tournées de service ou toute autre cause, l'autre adjoint ne pourra s'éloigner du contrôleur inspecteur général, en sorte qu'il y ait toujours deux personnes présentes pour remplir ses fonctions.

ART. 8. Le secrétaire général sera chargé de la correspondance et de la rédaction des arrêtés de la direction générale. Il en conservera les minutes, et en signera les expéditions avec le directeur général et le contrôleur inspecteur général. Il aura voix délibérative dans les assemblées de la direction générale.

ART. 9. L'adjoint au secrétaire général l'aidera dans ses fonctions, et le remplacera en cas d'absence, démission ou mort.

ART. 10. Le trésorier général sera particulièrement chargé de tout ce qui concerne le mouvement des fonds de la banque. Il devra être toujours prêt à rendre compte de l'état de situation de la caisse. Il aura voix délibérative dans les assemblées de la direction générale.

ART. 11. L'adjoint au trésorier général l'aidera dans ses fonctions, et le remplacera de droit en cas d'absence, démission ou mort.

ART. 12. Il y aura en France, et en résidence à Paris, une régence subordonnée à la direction générale de la banque.

ART. 13. Cette régence sera composée d'un premier, d'un second et d'un troisième régent, d'un contrôleur inspecteur, d'un secrétaire et d'un trésorier.

ART. 14. Il y aura deux adjoints à la régence,

deux pour le contrôleur inspecteur, un pour le secrétaire, et un pour le trésorier.

Art. 15. Les fonctions des régens et celles des adjoints aux membres de la régence, ainsi que leurs droits seront les mêmes que ceux des membres et adjoints de la direction générale.

Art. 16. La régence de la banque, séante à Paris, nommera et changera suivant qu'elle le jugera nécessaire, toujours sous sa responsabilité, les agens ou correspondans de la banque coloniale de Saint-Domingue dans les ports de France.

Art. 17. Il y aura trois régens particuliers de la banque dans la partie française de Saint-Domingue. Ils résideront, l'un au Cap, l'autre au Port-au-Prince, et le troisième au Cayes-Saint-Louis. Chacun de ces régens aura deux adjoints.

Art. 18. Il y aura dans chacun des trois chefs-lieux, un contrôleur inspecteur particulier avec deux adjoints.

Un secrétaire de régence avec un adjoint, un trésorier et son adjoint.

Art. 19. Les membres et adjoints des régences particulières auront le droit de se remplacer et succéder entre eux, comme les membres et adjoints de la direction générale.

Art. 20. Ces régences particulières feront exécuter les arrêtés de la direction générale. Elles recevront les demandes des habitans de leurs départemens respectifs. Elles nommeront, parmi les propriétaires d'immeubles, deux arbitres pour constater avec l'inspecteur, ou l'un de ses adjoints, si les demandes de nègres et d'animaux sont fondées sur les besoins réels de l'habitation du demandeur. Le résultat de l'arbitrage, transmis par la régence à la direction générale, motivera l'ordre de refuser ou de fournir, soit la totalité ou partie des objets demandés.

Art. 21. Les régences particulières subviendront aux autres besoins des habitations sans qu'il soit nécessaire d'en référer à la direction générale. Il lui sera seulement fait un rapport sur les diverses fournitures ordinaires qu'auront reçues les propriétaires. Leurs demandes seront transmises aux régences particulières par des agens.

Art. 22. Ces agens seront choisis et nommés par les régences particulières sous leur responsabilité. Il y en aura dans tous les lieux où les régences particulières jugeront leur présence nécessaire.

Art. 23. Chacun des administrateurs prendra dans ses bureaux le nombre d'employés qu'il jugera nécessaire. Il en présentera la note à la direction générale ; Il nommera les employés ; il en répondra, et paiera lui-même leurs appointemens.

Art. 24. Lorsque les frais à faire, pour chaque bureau, auront été évalués et déterminés par un réglement général, les honoraires de chaque administrateur seront fixés au prorata.

Art. 25. Les comptes de la banque doivent être rendus à la fin de chaque année, et approuvés en conseil général.

Art. 26. Le conseil général se composera du directeur général, des deux régens généraux, du contrôleur inspecteur général, du secrétaire général, du trésorier général, et de quatre délégués de chacun des départemens.

Art. 27. Les délégués seront nommés par une réunion de propriétaires dans chaque chef-lieu du département.

Art. 28. Comme tous les colons qui sont propriétaires d'immeubles dans la colonie, et sont issus de Français européens ou créoles sans aucun mélange de nation étrangère, sont administrateurs nés de la banque, deux de ces propriétaires de chaque commune, en commençant par le plus âgé et le plus jeune, et ainsi successivement chaque année, se rendront pour le 1er décembre dans le chef-lieu de leur département respectif. Ils se formeront en assemblée électorale. Elle sera présidée par le régent particulier du chef-lieu. Les membres de la régence y prendront place, et donneront leur voix pour le choix de quatre délégués.

Art. 29. Les délégués se rendront dans le lieu de la résidence de la direction générale de la banque. Réunis à elle, ils formeront le conseil général de la banque.

Art. 30. Ce conseil général, ainsi formé, entendra, débattra et approuvera les comptes de la banque et la fixation du dividende annuel. Après cette opération, le conseil général sera de droit dissous, et les délégués porteront dans leur département respectif le résultat des opérations du conseil général de la banque.

Art. 31. Les comptes de la banque, ainsi débattus et approuvés, seront publiés par la voix de l'impression et affichés.

Art. 32. Pour cette fois seulement, les administrateurs titulaires et les adjoints de la banque coloniale de Saint-Domingue seront nommés par le roi, sur la présentation du ministre de la marine et des colonies.

A l'avenir, et attendu que les membres se succèdent entre eux par ordre de nomination d'abord, ensuite d'ancienneté, il ne sera nommé que des adjoints dans chaque partie de l'administration.

Art. 33. Les nominations des adjoints seront faites provisoirement par les premières autorités de la colonie, sur la présentation de trois candidats choisis par la direction générale. Le roi confirmera ensuite ces nominations, si tel est son bon plaisir.

TITRE III.

DES DISPOSITIONS GÉNÉRALES.

CHAPITRE Ier.

ART. 1er. Pendant les seize années que dureront les opérations de la banque coloniale de Saint-Domingue, les ports de cette colonie seront ouverts pour les bâtimens de toutes les nations. Ceux sous-pavillons français seront exempts du droit d'un pour cent auquel tous les autres seront assujétis.

ART. 2. Aussitôt après la présente ordonnance rendue, et après la nomination faite des administrateurs, ils se réuniront à Paris. La direction générale, et la régence qui doit résider dans cette ville, s'occuperont ensemble du placement des actions de la banque, et des règlemens à faire pour ses divers bureaux.

ART. 3. Les fonds qui proviendront de la vente des actions seront versés dans la banque de France. Ils y resteront déposés jusqu'à ce que la direction puisse commencer ses opérations, dont la première sera de pourvoir aux frais à faire pour le départ de l'expédition qui doit transporter à Saint-Domingue les colons propriétaires, ainsi que les troupes nécessaires pour le rétablissement et le maintien de l'ordre et de la paix.

Art. 4. En attendant qu'il soit possible d'établir un dividende à partager entre les actionnaires, la direction de la banque est autorisée à leur tenir compte du produit de leurs actions, à raison d'un pour cent tournois par mois, payable chaque semestre.

Art. 5. Pendant tout le temps que dureront les opérations de la banque, ce produit des actions sera la base première du dividende à partager entre les actionnaires. Ils ne recevront qu'après les comptes annuels rendus, l'excédant de cette base première du dividende, quand même il s'élèverait à plus du double de cette valeur, suivant le taux assez ordinaire des bénéfices du commerce colonial.

~~~~~~~~~~~~~~~~~

Il est essentiel de remarquer que l'exécution de cette ordonnance pourrait procurer en peu de temps les fonds nécessaires, tant pour l'envoi à Saint-Domingue des colons propriétaires et des troupes françaises, que pour les autres frais à faire dans la colonie pour sa restauration.

Si l'on élevait des doutes sur ce résultat, il faudrait considérer que nulle affaire n'offre d'aussi grands avantages aux actionnaires. Ils y trouveront, 1°. sûreté pour les capitaux placés ; 2°. produits plus considérables que ne donne aucune affaire en France ; 3°. facilité à disposer de leurs capitaux, en cédant leurs actions dont la vente se
~~~~~~~~~~~~~~~~~

fera, en se conformant aux formalités établies pour la cession des actions de la banque de France.

Personne ne peut nier que ces avantages démontrés ne soient les motifs les plus déterminans de placer des capitaux. Il y a donc certitude de voir affluer dans la caisse de la banque les fonds des capitalistes français, et ceux des étrangers. L'appât du gain considérable à faire à Saint-Domingue est bien connu des négocians de tous les pays. Il les décidera à se lier d'affaire avec la banque coloniale du moment où, pendant un laps de temps suffisant, leurs bâtimens seront admis dans les ports de la colonie pour les recouvremens. Le droit à payer par eux ne les en éloignera pas ; ils se serviront des navires français pour en être exempts, ou même paieront ce droit pour les leurs, plutôt que de se priver des bénéfices que leur offrent leurs relations commerciales avec Saint-Domingue.

On conçoit facilement combien les fonds et les opérations du commerce étranger, seraient utiles pour la prompte restauration de la partie française de Saint-Domingue. C'est le moyen le plus sûr de lui faire recouvrer plus promptement son ancienne prospérité. C'est alors qu'elle sera essentiellement utile à la France, et que ce royaume, redevenu florissant, pourra recouvrer la prépondérance de soixante-quatorze millions dont il jouis-

sait en 1788 dans la balance générale du com
merce de l'Europe.

Avoir concouru à procurer ces avantages à ma
patrie par l'exposé d'observations, fruits d'une
longue expérience coloniale, ce sera la récom
pense la plus honorable de mes travaux et de ce
que j'ai souffert pour avoir défendu, pendant
vingt ans, les intérêts de la colonie de Saint-
Domingue.

Nota. Il est à ma connaissance que beaucoup de colons
ont présenté des plans militaires et d'administration pour
la colonie de Saint-Domingue. Comme j'y ai fait la guerre
et administré dans les temps les plus difficiles, j'aurais pu
présenter, ainsi qu'ils l'ont fait, des travaux dans ce genre.
Mais, comme je pense que ceux remis au ministère de la
marine renferment tout ce qu'on peut désirer à cet égard,
j'ai cru devoir me borner à m'occuper des moyens de restauration de cette colonie. J'y joindrai seulement quelques
observations sur des mesures qui m'ont paru indispensables pour rétablir et entretenir l'ordre et la paix dans
la partie française de Saint-Domingue.

OBSERVATIONS

Sur les moyens de rétablir et entretenir l'ordre et la paix dans la partie française de Saint-Domingue.

LES événemens passés sont des leçons pour l'avenir. Cette maxime est surtout applicable aux désastres de Saint-Domingue. Dans cette colonie, avant la révolution, une population de quarante mille blancs maintenait facilement dans l'ordre et la subordination près de six cents mille nègres et vingt-cinq à trente mille hommes de couleur. L'opinion de la supériorité des blancs était si fortement établie parmi les nègres, que jamais il ne leur arrivait, en quelque nombre qu'ils fussent, de désobéir à un seul de ceux destinés à les commander.

D'ailleurs, les nègres étaient plus heureux à Saint-Domingue qu'ils ne le sont en Afrique. En vain les orateurs du parlement d'Angleterre cherchent à persuader le contraire ; en vain ils invoquent les grands principes de l'humanité pour faire abolir entièrement la traite; c'est à tort qu'ils se récrient sur ce que les européens viennent arracher les nègres d'Afrique à la liberté et au bonheur pour les faire gémir en Amérique dans un dur esclavage.

Ce zèle pour les intérêts des Africains peut paraître louable à ceux qui le croient sincère et désintéressé ; mais on sait que les Anglais ont formé depuis quelques années des spéculations sur les sucres qu'ils font fabriquer dans l'Inde ; de plus, ils ont formé des établissemens en cultures coloniales sur la côte d'Afrique à Siera-Leona. Pour que ces cultures produisent à l'Angleterre tout l'avantage commercial qu'elle en attend, il faut que celles des autres peuples d'Europe dans l'Amérique soient réduites à un état de stagnation ou même à la nullité ; ce qui ne peut manquer d'arriver par la suppression totale de la traite.

Pour que cette suppression fût vraiment avantageuse aux nègres, il faudrait qu'ils fussent libres et heureux dans leur pays, comme le prétendent les orateurs anglais. Hé bien ! que l'on consulte, non pas seulement les narrations des voyageurs les plus véridiques, mais qu'on écoute les nègres eux-mêmes ; tous s'accordent à dire qu'ils naissent et meurent esclaves ; que soumis aux caprices de despotes féroces et brutaux, leur existence est comptée pour peu de chose ; que des peuplades entières périssent, sans secours, par les maladies et la famine ; que souvent leurs chefs sanguinaires leur tranchent la tête par centaines pour célébrer des fêtes et des jeux atroces ; enfin, que pour satisfaire à leur propension naturelle au pillage et à la dévastation , ils sont dans un état de guerre continuelle.

Sans avoir sur l'état de l'homme en société les idées métaphysiques que leur supposent , à dessein , les orateurs anglais , les nègres nés esclaves en Afrique , lorsqu'ils sont transportés en Amérique , savent faire la différence qui existe entre le despotisme d'un noir inepte et brutal , dont les féroces caprices sont sa loi , et la soumission d'un maître blanc dont les lumières motivent les ordres , et dont l'intérêt , d'accord avec l'humanité , leur assure des ménagemens , des soins , en état de santé , et des secours de toute espèce dans leurs maladies.

Quoique les facultés morales des nègres soient en général très-bornées , ils apprécient cette différence dans le sort qui leur était réservé en Afrique et celui qu'ils éprouvaient en Amérique. De là, venait ce respect et ce genre d'attachement qu'ils avaient presque tous pour leurs maîtres. Si on en voulait des preuves, on les trouverait dans les difficultés qu'on a rencontrées de leur part , quand on a voulu les insurger contre les blancs et en faire des instrumens de destruction et de mort.

Une autre preuve non moins frappante des sentimens des nègres pour leurs maîtres , c'est que dans le nombre des propriétaires qui ont péri victimes de l'insurrection , on en trouve bien peu qui aient été assassinés chez eux par leurs propres nègres. Ils ont, au contraire, presque tous averti leur maître de se soustraire par la fuite à une mort certaine.

Ce sont des faits connus de tous les colons qui ont concouru à la défense de Saint-Domingue, lorsque les troubles ont commencé.

Ces faits généraux, et beaucoup d'autres particuliers qu'il serait trop long de rapporter, ne permettent pas de douter des sentimens respectueux et même affectueux que les nègres avaient pour leurs maîtres. Mais depuis la révolution, on est parvenu peut être à étouffer ces sentimens par de fausses idées de liberté et en déconsidérant, autant que possible, leurs anciens maîtres.

Cependant, pour le rétablissement et le maintien de l'ordre dans la colonie, il est indispensable d'imprimer au nègre ce respect qu'il doit au propriétaire destiné à le commander. Pour y parvenir, il me semble qu'on pourrait employer un moyen que les événemens antérieurs paraissent indiquer.

Depuis vingt ans les nègres sont habitués à ne plus respecter que ceux qui portent les marques du commandement militaire. Avant ce temps, les colons propriétaires d'immeubles et autres étaient tous de droit attachés à l'une des compagnies de milices; mais ils n'étaient, pour la plupart, que simples dragons ou fusiliers. A cette époque, une revue qui se faisait, chaque trimestre, des habits d'uniforme élégans, des armes éclatantes suffisaient pour en imposer aux nègres, attendu l'opinion qu'ils avaient de la supériorité des blancs. Mais aujourd'hui il n'en sera plus de même. Tous ceux qui connaissent les nègres conviendront qu'un propriétaire, même leur maître, qui se présenterait à eux vêtu en simple particulier, ou avec l'uniforme de dragon ou de fusilier, sans aucune marque de commandement, obtiendra difficilement le récpect et la subordination, sans lesquels il n'y a nul espoir de restauration des cultures et manufactures de Saint-Domingue. Il serait donc indispensable pour le bien général de la colonie, par conséquent pour celui de la France, que les colons propriétaires reparussent à Saint-Domingue avec la marque respectable d'un grade militaire qu'ils ont mérité par leurs services et leurs malheurs.

D'après ces puissantes considérations, on peut prendre la liberté de proposer à Sa Majesté d'ordonner,

1°. Que tous les colons qui auront fourni au ministre et secrétaire d'état ayant le département de la marine et des colonies, les preuves suffisantes qu'ils sont nés soit en France, soit dans la colonie, de parens français sans aucun mélange de nation étrangère, et qu'ils étaient propriétaires d'immeubles avant 1792, porteront un uniforme bleu sans revers, mais avec parement, collet et doublure écarlate, les boutons dorés avec l'empreinte d'une fleur de lis ;

2°. Ceux des colons qui auront fourni les preuves ci-dessus, et n'auront pas encore atteint l'âge de quarante ans, auront le grade de lieutenant, et en porteront l'épaulette. Ceux de quarante à cinquante auront rang de capitaine, et en porteront la marque distinctive; ceux de cinquante à soixante porteront celle de lieutenant colonel; enfin ceux de soixante ans et au-dessus, s'ils peuvent prouver qu'ils aient fait la guerre dans la colonie, auront le rang, et porteront les signes du grade de colonel.

3°. Lorsque les colons ainsi décorés se trouveront réunis pour le service militaire de la colonie, ils commanderont aux blancs ou nègres armés, et prendront les ordres les uns des autres suivant leur rang et leur âge.

4°. Dans le cas de nomination de commandans de quartier, ils seront choisis, autant que possible, parmi ceux des colons propriétaires qui auront rang de colonel; s'ils ne l'avaient pas, leur nomination à ce commandement le leur donnera, avec le droit d'en porter les marques distinctives.

5°. Les propriétaires auront le droit d'engager, et de mener avec eux sur leur habitation respective un certain nombre de blancs militaires, qui rempliraient au besoin les fonctions d'adjudant ou de sergent. Leur nombre sera déterminé en raison du grade et de la fortune de chaque propriétaire.

Entre plusieurs considérations puissantes qui viennent à l'appui de ces propositions, il en est une décisive pour le maintien de l'ordre et de la tranquillité.

Lorsqu'on s'occupera du rétablissement de Saint-Domingue, il sera possible qu'il survienne quelques troubles partiels. Ils motiveront la marche de détachemens militaires dans divers quartiers de la colonie. Ces détachemens se subdiviseront. Il est probable que des sous-lieutenans ou sergens soient envoyés avec quelques soldats sur une habitation pour s'y cantonuer; si le propriétaire n'était, comme autrefois, qu'un simple dragon ou fusilier, il serait, d'après les ordonnances militaires, obligé d'obéir au lieutenant ou sergent, et par conséquent cesserait d'être maître sur son habitation. Il en résulterait, outre la déconsidération du maître aux yeux de ses nègres, le désordre inévitable quand les militaires sont éloignés de leurs chefs principaux.

Ces inconvéniens seraient bien plus graves encore, si l'on se décidait à former des corps de nègres armés, et qu'un sergent de cette couleur vînt commander un blanc propriétaire, parce qu'il serait son supérieur en grade.

Il serait superflu d'insister sur le désordre auquel pourrait donner lieu une telle subversion du système colonial.

Il est donc prouvé que la mesure proposée est un moyen sûr et même nécessaire pour le réta-

blissement et le maintien de l'ordre et de la subordination, sans lesquels il n'y a nul espoir de
voir cette colonie recouvrer son ancienne prospérité, de laquelle dépend immédiatement celle
de la France.

~~~~~~~~~~~~~~~~

Il est encore une autre mesure à proposer. Il
m'a paru qu'elle se rattachait essentiellement au
bon ordre, à la tranquillité de la colonie.

Le Roi connaît les malheurs de Saint-Domingue. Il n'y a nul doute que Sa Majesté ne mette la
plus grande attention dans le choix du général et
de l'intendant destinés à gouverner et adminis-
trer cette infortunée colonie. Les troubles qui ont
contribué à sa ruine sont connus; le Roi jugera
combien il est nécessaire que ceux à qui seront
confiées les places importantes, soient étrangers
à tous les partis qui ont divisé les habitans de
Saint-Domingue; mais quels que soient les talens,
les lumières et les bonnes intentions de ces chefs,
il leur sera impossible de subvenir par eux-mêmes
à la terminaison d'affaires qui vont se présenter
en foule et simultanément à leur décision, par
suite de la destruction des greffes et du boule-
versement des propriétés. Cependant il sera nécessaire de lever le plus promptement possible
tous les obstacles qui pourraient s'opposer à la
prompte restauration des propriétés françaises de
Saint-Domingue. Il paraît indispensable que le
~~~~~~~~~~~~~~~~

général et l'intendant soient aidés dans leurs fonctions par une réunion d'anciens colons. Cette
réunion, composée de douze propriétaires notables, et avantageusement connus pour leurs lumières et leurs connaissances en affaires coloniales, serait nommée Conseil de Gouvernement.
Les membres auraient un titre, un rang, un costume, qui les investiraient de la considération
publique. Leurs fonctions seraient réglées de
manière qu'ils ne pourraient dans aucun cas, et
pour aucune cause, entraver les opérations du
gouvernement et de l'administration. Le général
et l'intendant seraient tenus de mettre sous les
yeux de ce conseil toutes les affaires de leur
compétence ; mais ils ne seraient point obligés de
se conformer à ses décisions ; elles seraient ré-
digées en doubles minutes : l'une d'elles serait
adressée par le conseil au ministre de la marine
et des colonies, pour servir de motif d'appro-
bation ou d'improbation royale, de la conduite
de ces chefs de la partie française de Saint-
Domingue.

Pour que l'ensemble et le motif de mes idées
à cet égard soient plus facilement compris, j'ai
cru devoir les présenter sous la forme d'un projet
d'ordonnance avec des notes explicatives, de ce
qui pourrait être susceptible d'objections fondées.

PROJET D'ORDONNANCE

POUR L'ÉTABLISSEMENT

D'UN CONSEIL DE GOUVERNEMENT

A SAINT-DOMINGUE.

TITRE Ier.

DE L'INSTITUTION ET DE LA COMPOSITION DU CONSEIL.

CHAPITRE Ier.

De l'Institution du Conseil.

ART. 1er. Il y aura, pour la colonie française de Saint-Domingue, un conseil de gouvernement et d'administration.

ART. 2. Ce conseil tiendra ses séances dans le chef-lieu de la colonie, ou celui de la résidence du général et de l'intendant.

CHAPITRE II.

De la composition du Conseil.

ART. 1er. Le conseil de gouvernement et d'administration sera composé de douze membres.

Art. 2. Pour être membre du conseil, il faudra être propriétaire d'immeubles dans la colonie, y avoir résidé au moins dix ans avant l'année 1792, et être né Français ou issu de Français, sans aucun mélange de nation étrangère.

Art. 3. Sur les douze membres, quatre devront être propriétaires dans la partie du nord, quatre dans celle de l'ouest, et quatre dans celle du sud.

TITRE II.

DES ATTRIBUTIONS DU CONSEIL ET DE L'ORDRE DE SES TRAVAUX.

CHAPITRE Ier.

Des attributions du Conseil.

Art. 1er. Toutes les affaires du gouvernement et de l'administration de la colonie seront, par le général et intendant, soumises à l'examen et à la délibération du conseil du gouvernement.

Art. 2. La décision du conseil sera officiellement adressée au général ou à l'intendant, suivant la nature de l'affaire, et à tous deux, si le cas l'exige. Ils ajouteront au protocole ordinaire de leurs ordonnances : *Après avoir consulté le conseil du Gouvernement.*

Art. 3. Dans aucun temps ni pour aucune cause, à moins d'un ordre exprès du roi, le conseil ne se permettra de s'opposer à l'exécution des ordres du général et de l'intendant, quand même ces ordres seraient contradictoires avec la décision du conseil.

Art. 4. Dans les cas importans ou urgens, et reconnus tels par le conseil, il pourra, sans s'opposer à l'exécution, en référer au ministre de la marine et des colonies. Sa délibération sera envoyée par un aviso, qui ne pourra lui être refusé par les chefs de la colonie.

Art. 5. Dans aucun temps, ni pour aucune cause, le conseil ni aucun de ses membres ne pourra exercer les fonctions du pouvoir exécutif; seulement, il aura la police du lieu où se tiendront ses séances générales et celles de ses bureaux. Le président du conseil donnera les ordres à l'officier commandant la garde qui sera placée dans ce local.

CHAPITRE II.

De l'ordre des travaux.

Art. 1er. Chacun des membres du conseil le présidera à son tour par rang d'âge pendant quatre mois. Dans le cas où il ne voudrait pas ou serait dans l'impossibilité de présider, il serait remplacé par celui des membres qui doit, d'après son âge, lui succéder. Il en sera fait note sur les registres.

Art. 2. Chacun des membres du conseil remplira à son tour les fonctions de secrétaire général du conseil. Le plus jeune d'entre eux commencera, et ainsi de suite. La durée des fonctions et le mode de remplacement seront les mêmes que pour la présidence.

Art. 3. Il y aura un secrétaire rédacteur, principal garde des archives. Il sera commissionné par le ministre de la marine et des colonies, d'après une délibération du conseil qui le nommera à la majorité des voix.

Art. 4. Le conseil général se subdivisera en trois bureaux particuliers : celui du nord, celui de l'ouest et celui du sud. La réunion particulière des quatre membres du conseil de chacune de ces parties de la colonie formera ces bureaux.

Art. 5. Ces bureaux particuliers seront présidés de la même manière et dans le même ordre que le conseil général.

Art. 6. Il y aura pour chacun de ces bureaux un secrétaire rédacteur. Il sera nommé par le bureau. La délibération qui le concernera lui servira de commission.

Art. 7. Le président du conseil général recevra toutes les communications officielles qui seront faites, soit par le ministre, soit par le général et intendant, soit enfin par ceux des colons qui croiront avoir des demandes ou réclamations fondées à faire aux chefs de la colonie. Il fera passer aux trois bureaux ce qui concerne chacun d'eux. Il convoquera la réunion générale, quand il la jugera nécessaire. Il exposera l'objet de la délibération et recueillera les opinions des membres pour en former la décision du conseil. Le président s'occupera aussi de la correspondance.

Art. 8. Le secrétaire général sera chargé de la correspondance, conjointement avec le président. La rédaction des procès-verbaux des séances, l'ordre des minutes et des archives, seront sous la surveillance du secrétaire général.

Art. 9. Les présidens des bureaux particuliers seront chargés des mêmes fonctions que le président du conseil général, chacun dans leur bureau respectif. De plus, ils surveilleront les travaux du secrétaire rédacteur.

Art. 10. Pour être valides, les décisions du conseil général doivent être prises par neuf membres présens. Il faudra la présence de trois membres pour la validité des décisions particulières des bureaux du nord, de l'ouest et du sud.

Art. 11. Il sera, par chacun des bureaux, présenté un colon réunissant les conditions indiquées par l'article 2 du chapitre II du titre Ier, pour être membre du conseil général. Ces candidats, sur la présentation des bureaux, confirmée par délibération du conseil général adressée au ministre de la marine et des colonies, recevront un brevet de conseiller adjoint. En attendant le brevet, l'extrait de la délibération du conseil général tiendra lieu de commission provisoire, et ces adjoints pourront entrer en fonctions.

ART. 12. Ces conseillers adjoints pourront assister aux séances des bureaux et même du conseil général; mais ils n'auront voix délibérative que lorsqu'ils remplaceront des conseillers titulaires absens. En cas de mort de leur part, les adjoints les remplaceront de droit, et il sera nommé d'autres adjoints.

TITRE III.

DISPOSITIONS GÉNÉRALES.

CHAPITRE Ier.

ART. 1er. Le ministre et secrétaire d'état au département de la marine et des colonies nous présentera ceux des colons de Saint-Domingue qu'il aura jugé être capables de remplir les fonctions de membres du conseil de gouvernement. Il choisira de préférence les membres du comité actuel des colons propriétaires notables près le ministre de la marine, attendu que ce sont d'anciens colons expérimentés, et que depuis plusieurs années ils se sont gratuitement rendus utiles, par leurs travaux, au ministère et aux colons de Saint-Domingue.

Art. 2. Les membres du conseil de gouvernement auront le rang, les honneurs et le costume actuel des adjudans généraux (1).

Art. 3. Les adjoints au conseil auront le rang et porteront les marques distinctives de colonel.

Art. 4. Les honoraires des membres du conseil sont provisoirement fixés à seize mille francs tournois, ceux des adjoints à huit mille francs (2).

Art. 5. Il sera statué par le conseil sur les émolumens des secrétaires-rédacteurs et sur les autres frais de bureaux.

Par ce projet d'ordonnance, il est facile de juger que la mesure proposée d'un conseil de

____

(1) Cet article est le résultat des observations déjà faites sur la nécessité de donner aux colons un grade militaire, afin qu'ils jouissent de la considération nécessaire au rétablissement et au maintien du bon ordre dans la colonie. Il est certain que les conseillers de gouvernement doivent être plus considérées, par conséquent avoir un grade supérieur à ceux des autres propriétaires.

(2) On m'a fait faire une remarque relative aux honoraires des membres du conseil du gouvernement. On pense, qu'attendu la considération publique qu'on doit rattacher à leur place éminente, chacun d'eux devrait avoir vingt mille francs tournois d'honoraires par an, et les adjoints dix mille francs.

gouvernement à Saint-Domingue, au lieu d'entraver les opérations du général et de l'intendant, les guidera et leur fera connaître des motifs de décision que l'expérience et les connaissances acquises par un long séjour dans la colonie peuvent seules suggérer. Ce conseil serait donc un moyen assuré de mettre plus facilement à exécution les intentions paternelles d'un bon roi qui désire voir les Français d'outre-mer aussi heureux que ceux d'Europe.

FIN.

DE L'IMPRIMERIE DE J. GRATIOT.

* 9 7 8 2 0 1 3 4 3 7 1 9 6 *